はじめに

みなさんのくらすまちは、どんなようすですか。ゆたかな自然、伝統的なお祭りや文化、人とのつながりなど、その地域ならではのよさを大切にして、そのよさが生かされたまちにくらしていることでしょう。まちは、人びとがつくるもの。地域にくらす人びとが力を合わせて、よりよいまちにしようと努力した結果です。

小学生のみなさんは、自分のまちのよさを理解し、将来にわたって、そのよさを継続、発展することが求められています。まちの素晴らしさは、あたえられるものではなく、そこにくらす一人ひとりの協力により実現しているからです。近所の人に会ったら笑顔であいさつをする。花だんに花を植える。まちをそうじするという、小さな行動の積み重ねで、すみよいまちになります。

第4巻のテーマは、「発表しよう わたしたちのまち」です。
この巻では、どのようにまちを観察したらよいか、気づいたことや疑問に思ったことをどう調べていけばよいか、わかったことや考えたことをみんなに発表するにはどうしたらよいかなど、発表の仕方をしょうかいしています。

みなさんがくらすまちのよさをたくさん見つけて、その素晴らしさを多くの人に発表してほしいと思います。また、「こうしたらもっとよいまちになる」と感じたことは、ぜひ提案してください。それでみなさんのまちがよりよいものになるのであれば、こんなに素晴らしいことはありません。

この本で学んだ、まちの見方で、みなさんがくらすまちと、自然や歴史、人びとのつながりを見つけてください。そして、見つけたさまざまなつながりをもとに、さらにまちをよくするためには何が必要か、みんなに発表してください。発表を聞いてくれた人たちから意見をもらってください。いろいろな人の意見を参考にして、もう一度、考えなおすことで、よりたしかな考えをつくることができます。そして、まちのためにできることを行動にうつしてほしいと思います。

この本を手に取ったあなたは、よりよいまちづくりを進めるようになるでしょう。

植草学園大学発達教育学部教授
梅澤真一

4

調べて 伝える わたしたちのまち

発表しよう

わたしたちのまち

監修　梅澤真一

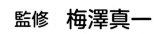

あかね書房

もくじ

この本の登場人物

あすか

小学4年生。しっかり者で行動的。家族が旅行好きで、いろいろな土地に行っている。

そら

小学4年生。少しとぼけたせいかくで、こわがり。おいしいものに目がない。

エマ

小学4年生。親の転勤で日本へ来たアメリカ人。日本の歴史や文化にとても興味がある。

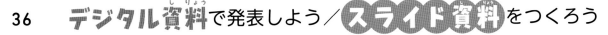

ぽんすけ

全国を旅しながら、各地のまちづくりを調べているたぬき。せなかのふろしきの中には……？

ハニー

あすかたちが古墳で出会った関西べんのハニワ。長生きなので顔が広い。ツッコミが強め。

オリバー

世界各地を旅しているわたり鳥。とっても物知りだが、すぐどこかに飛んでいってしまう。

3

わたしたちのまちを調べて伝えよう！

学習の進め方

わたしたちのまちについて調べ学習を行うときには、
まちの情報をただ集めればいいわけではありません。
次の5つの流れを意識しながら、自分なりに考えを深め、学習を進めていきましょう。

1 テーマを決める

自分のすむまちについて、調べたいテーマを決めましょう。テーマは身近なことや興味のあることなど、何でもかまいません。そのとき、どんな人たちがどんな思いで「まちづくり」に取り組んでいるのかを予想したり、自分なりに調べる視点を見つけたりすることが大事です。どのように調べていくかの計画も立てましょう。

なぜさかんなの？

だれが
取り組んでいる？

どう調べる？

2 調べる

調べる方法はたくさんあります。図書館を利用したり、インターネットを活用したりするほか、実際に見学に行ったり体験をしたり、自分の目で見て、ふれることも大切です。また、まちづくりに取り組む人にインタビューを行うことができれば、その人たちの思いや工夫、努力なども知ることができるでしょう。

調べたいこと
調べる方法を
整理しながら進めよう！

自分のすむまちだけでなく
ほかの地域のことを
調べてみてもおもしろいで

3 まとめる

調べたあとは、わかったことをまとめます。まとめ方はレポートや新聞、スライド資料などいろいろあるので、目的に合ったまとめ方を考えましょう。まとめるときには、調べるなかで感じたことや、自分の考えなども整理して書くようにすると、より深い学びにつながります。

4 発表する

まとめたことを発表して、だれかに伝えてみましょう。発表するときは調べたことをならべるだけでなく、その目的を考え、相手に伝わりやすいよう工夫して、自分の言葉で発表することが大切です。また、人の発表を聞くときにも自分の考えをめぐらせましょう。

5 ふり返る、実行する

発表後は自分やみんなの調べたことをふり返り、そのテーマについて話し合ったり、考えを深めたりしましょう。さらに、調べるなかで見つけた課題や、自分にできるまちづくりについて、行動にうつすことも大切です。

調べて伝えよう
〜わたしたちのまち〜

自分たちのまちについて調べ学習を進める、あすか、そら、エマ。発表までにするべきことを相談しているよ。いい発表のためには、どんなじゅんびが必要かな？

発表のじゅんびってまず何をすればいいの？

調べたいテーマについて調査ができたら

その内容を整理して発表資料をつくるのだ

発表資料

バシッ

発表資料にはいろんな形があるな

レポート

学習新聞

スライド資料

調べた方法
①
②

わたしは動画をつくりたいからさつえいもしておいたよ！

お〜！

それと大切なのは発表の目的をきちんと考えることだね！

発表の目的？

調べたテーマのしょうかいなのか
何かをていあんしたいのか…

ただ情報をならべれば
いいわけやないっちゅう
ことやな!

なるほど～

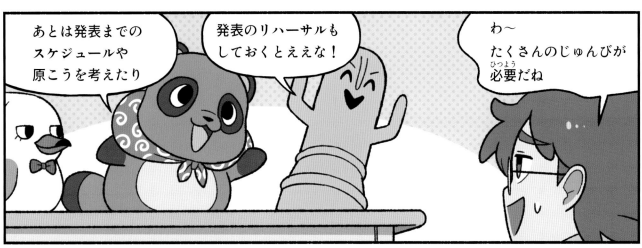

あとは発表までの
スケジュールや
原こうを考えたり

発表のリハーサルも
しておくとええな!

わ～
たくさんのじゅんびが
必要だね

しかし、しっかり
じゅんびをすれば
その分いい発表が
できるのだぞ

ほな
まずは…

はらごしらえに
たこやき食べよか!

発表の9ステップ

テーマの決定から発表までは、次の9つのステップがあります。
調べるうえでの目的や学習問題を意識し、予想を立てながら進めていくとよいでしょう。

ポイント

ステップ1

学習問題をつかむ

自分たちのまちを調べるうえで、気がついたことや疑問に思うことなどを書き出したり、話し合ったりしながら、学習問題をつくります。

●学習問題の例
・わたしたちのまちの自然は、どのように生かされているだろう？
・わたしたちのまちには、どんな歴史や文化があるだろう？
・わたしたちのまちは、どのように世界とつながっているだろう？

学習問題をもとに、自分たちなりに予想も立ててみてね

ステップ2

調べるテーマを決める

ステップ1でつくった学習問題をもとに、具体的にどのようなテーマを調べるかを決定します。

テーマは調べるなかで多少変わってもOK。この本の1〜3巻のしょうかい事例も参考にしてみましょう。

ステップ3

発表までの計画を立てる

発表までの期間はかぎられているため、ゴールまでの見通しを立てましょう。いつまでにどうやって情報を集め、どのくらいで資料にまとめるかなどを考えます。

しせつの見学やだれかにインタビューを行いたい場合は、その日時も早めに決めましょう。

●グループの場合
だれがどのパートを調べるかの分担もみんなで考えましょう。

ステップ4

調べて情報を集める

インターネットや本から資料を集めたり、見学や体験、取材をしたり、調べる方法はさまざまです。自分の知りたいことに合った方法で進めましょう。

「いつ始まったのか」「なぜ発展したのか」など、その起源や変化なども追うと◎。また、まちづくりを行う人たちの気持ちにも注目してみましょう。

あとで重要なポイントになる場合もあるので、気になったことは何でもメモ。見学先などで写真をとっておくことも大切です。

ステップ5

調べたことを整理する

集めた情報を整理しながら、特に伝えたいこと、知ってほしいことは何かを考えます。事前に立てていた予想とも照らし合わせましょう。

●グループの場合
各自が調べた情報を出し合って、取り上げる内容を相談したり、キーワードをたしかめ合ったりしましょう。

ステップ6

発表資料にまとめる

調べるなかでわかったことや、感じたことを資料にまとめます。自分が行いたい発表の目的に合った資料の形を考えてみましょう。

資料にもりこみたい写真やデータ、イラストなども考えながら、集めたり作成したりします。

●グループの場合
だれがどの部分をつくるかなど、きちんと役割を決めてから進めましょう。

ステップ7

発表じゅんびをする

資料をもとにどのように発表するか、原こうをつくったり、リハーサルをしたりしてじゅんびを進めましょう。

●グループの場合
司会や発表者など発表時の役割を決め、リハーサルをするときは全員で行うようにしましょう。

ステップ8

発表する

いよいよ発表です。調べるなかで感じたことや考えたことを自分の言葉で伝えましょう。ほかの人の発表から考えをめぐらせることも大切です。

発表時は調べたテーマについて「○○専門家」になったつもりで、自信を持って発表しましょう。よく調べ、自分なりの考えを持つことで専門家レベルはアップします。

●グループの場合
みんなでひとつの発表をつくりあげ、その達成感を共有できるのがグループ発表のいいところ。チームワークを大切にして、発表にのぞみましょう。

ステップ9

調べたことを生かす・ふり返る

発表して終わりではなく、その先の問題解決の方法や、まちを守っていく活動など、自分たちにできるまちづくりについても考えてみましょう。

調べてわかったことは、家族や地域の人などにも伝えてみましょう。

情報を集める方法は たくさん！

まちづくりについて調べるための情報げんは、身の回りにたくさんあります。さまざまな調べ方を組み合わせることで、はば広い情報を集めることができます。

本

いろいろな種類があるので、目的に合ったものを選びましょう。最初にテーマについての基本的な知識をとらえるのに役立つのが事典や図かん。さらに専門的な資料を使って学習を深めていくこともできます。

→12ページへ

新聞、雑誌

新しい情報や社会の動きを知りたいときに◎。自分たちのまちの情報を集めるには、住んでいる地域の地方紙を見てみましょう。ひとつの地域の情報を集めたタウン誌などもおすすめです。

→12ページへ

インターネット

短時間で多くの情報が手に入るのでとても便利。ただし、なかにはまちがった情報もあるので注意が必要です。正しい情報かどうかかくにんしてから利用するようにしましょう。

→14ページへ

地図

まちの位置や形はもちろん、どのような自然があり、土地はどのように使われているのか、道路や電車といった交通はどのように広がっているのかなど、まち全体のようすをたしかめることができます。

→16ページへ

資料館や博物館

歴史、美術、自然、動植物など多くの分野があり、それぞれ貴重な資料やてんじ物がそろっています。専門的な、よりくわしい情報がほしいときに行ってみましょう。

→18ページへ

役場

自治体の役場には、地域に関する情報が集まってきます。役場の人に話を聞いたり、資料をもらったりできるでしょう。地域しょうかいのてんじコーナーなどもあるかもしれません。

→19ページへ

まちたんけん

実際にまちに出てみることで気づくことも多いもの。事前に調べたいことを決めておき、観察しながらたんけんしましょう。見なれた場所でもたくさんの発見があるでしょう。

→20ページへ

体験する

自分の目で見て、体を動かして体験すると、本を読んだり、話を聞いたりするだけではわからなかったことが実感できます。テーマについての理解が深まり、いっそう興味がわいてくるはずです。

→21ページへ

インタビューする

テーマについてくわしい人や専門家から知りたい情報を直接聞き取るのもいい方法。体験談やまちづくりへの思いなど、その人ならではの話が聞けるのがみりょくです。家族や親せきに聞くのもよいでしょう。

→22ページへ

図書館に行けば
さまざまな本や新聞が
見られるで！

体験するのも
情報収集なんだね

見学先などは
テーマに合わせて決めよう

自分の目で見て本物にふれることによってえられる発見や感動は、調査を進める大きな力になります。調べたいテーマにそって、どんなことが知りたいかをよく考えてから見学先を選びましょう。

いろいろな見学先を
しょうかいするから
ヒントにしてね

このほかにも
どんな場所があるか
考えてみよう！

まちの土地の特色

山　森林　花畑

川　海　湖　畑・果樹園　牧場

田んぼ　ダム　治水しせつ　発電所

ぼうさいしせつ　遊水地　市場　道の駅　工場

直売所　農業体験　林業体験　スーパー

魚屋さん　八百屋さん　自然体験スポット

商店街

郷土資料館

港　シェア畑

自然遺産　物産館

かんきょう
保全活動

じょうぞう所

まちの伝統や歴史

民族博物館

伝統工芸館　博物館

記念館　美術館

観光地

観光案内所

歴史資料館

国際交流センター

ボランティアセンター

ユニバーサルデザイン公園

ユニバーサルデザインしせつ

伝統工芸の工ぼう　史跡

遺跡　古墳　城・城あと

神社・寺　祭り

観光ボランティア

公民館　コミュニティセンター

城下町　町屋　伝統行事

モスク・チャペル

自治会活動・町内会活動

伝統芸能　発掘調査現場

異人館

福祉交流プラザ

景観ほご区

国際交流イベント

まちの人や世界とのつながり

本や新聞 で調べる

調べものをするときは、まずテーマのきそ情報を本でかくにんするとスムーズです。さまざまな本や資料、新聞などが自由に見られる図書館に行ってみましょう。

図書館をうまく活用しよう

事典や図かん、専門書、新聞、雑誌などたくさんの資料がそろった図書館は、情報集めの強い味方。上手に活用しましょう。地域の図書館にはまちについての資料もほうふにあります。きそ知識をおさえるには事典、歴史が知りたいなら歴史書など、目的によって本を使い分けるのがコツ。新聞にもいろいろな情報がつまっているので目を通してみてください。

本で調べるときの ポイント

☑ まずは目次から見る

本のなかからほしい情報を見つけるためには、まず目次を見てみましょう。その本のどこに何が書いてあるのか、大まかにつかむことができます。

☑ さくいんからさがす

本に出てくる言葉を五十音順にならべたものがさくいんです。知りたいことに関するキーワードがあれば、それがどのページに出てくるかをかくにんすることができます。

☑ 情報元をメモする

27ページの「情報カード」を参考にしてね

使いたい情報が見つかったら、どこでその情報を知ったのかあとでわかるように、本の題名や書いた人、出版社の名前、本が発行された年などをメモしておきましょう。

☑ 何さつか読みくらべる

同じテーマの本でも、内容のくわしさや説明の仕方などはそれぞれでちがっています。1さつ読むだけでは情報がかたよることもあるので、より正確な情報をえるために、いくつかの本に目を通すようにしましょう。

新聞で調べるときの ポイント

☑ まずは見出しをチェック

各記事の見出しは、その記事の内容を短い言葉で表現しています。見出しを見れば、自分が調べたいことに関係する記事かどうかがはんだんできます。

▲新聞では、その記事の最初に見出しが立てられることがほとんど。どのようなことが書かれているのかつかめます。

☑ 地方紙やフリーペーパーも見てみよう

新聞には日本全国で読まれている全国紙と各地域で読まれている地方紙がありますが、まちの情報を集めるには地方紙がおすすめです。地域の情報を発信するフリーペーパーにも、何かヒントがあるかもしれません。

フリーペーパーは駅や公共しせつなどにも置いてありますぞ

図書館で調べるときの ポイント

☑ 調べたいことを事前に決めておく

図書館ですぐに必要な資料がさがせるように、調べたいことのリストをノートなどに書き出して持って行きましょう。調べられたことにはチェックをつけ、新しく調べたいことが出てきたら書き足していきます。

☑ 蔵書けんさく機を使う

本をさがすときは蔵書けんさく機を使うと便利です。調べたい内容に関係するキーワードを入力すると、関連する本の一覧が表示され、その本が図書館のどこに置いてあるかも知ることができます。

▶本の題名やキーワードを入力すると、コンピュータが本をさがし出してくれます。

◀図書館の本は「日本十進分類法（NDC）」という番号で分類されています。けんさくするとその番号もわかるので、それをたよりに本をさがしましょう。

インターネット
で調べる

いつでも素早く情報がえられるインターネットは、調べものをするのにとても便利な手段です。たくさんのサイトのなかから、正しい情報を見極めて集めましょう。

たくさんの情報を手軽に集められる

いつでも調べたいときに知りたいことをけんさくするだけで、たちまちほしい情報をさがし出すことができるのがインターネットのみりょくです。情報は日々新しくなっているため、最新の情報を見つけることもできます。ただし、インターネットにはだれでも気軽に情報をのせられるので、まちがった情報があることも。利用するときは注意しましょう。

信用できる情報か
どうか、かくにんすることが
大切だね

☝ インターネットで調べるときの ポイント

☑ キーワードでけんさくする

けんさくサイトを開き、調べたいことがらのキーワードを入力します。結果をしぼりこむには、「〇〇市　祭り　おどり」など、複数の単語を入力しましょう。単語と単語の間はスペースで区切ります。この本の1～3巻にもさまざまなキーワードがのっているので、参考にしてください。

☑ 公式サイトをチェック

たくさんのサイトのなかからどれを見ればいいかなやむときは、そのテーマに関係する自治体や団体、公共機関、企業などの公式なホームページを中心に見ていくようにしましょう。個人のブログなどより信用性が高く、正しい情報をえることができます。

⚠ インターネットを使うときの 注意点

☑ 正しい情報か かくにんする

サイトを選ぶときは情報の発信元をかくにんしましょう。個人のサイトであっても、専門家や研究者、大学の教授など、そのテーマについて深い知識のある人が発信しているサイトであれば、参考にしてかまいません。

こんなところをチェック

発信元 個人が自分の意見を発信しているサイトや発信元がわからないサイトは信用性が低いものもあるので要注意です。

出典元 文章や図がほかの資料から引用されている場合、その資料が「出典」として明記されているので、元のデータも見てみましょう。

☑ 最新の情報か たしかめる

サイトによっては、データや研究結果などが古いまま残っていることがあります。内容が変わっていることもあるので、いつけいさいされたものか日付をチェックし、古いものは使わないようにしましょう。

☑ 参考にしたい サイトはわすれずほぞん

もう一度見たいサイトはインターネットのブックマーク（お気に入り）機能を活用してほぞんしておくと◎。サイト名や発信元がすぐにかくにんできるので、参考資料を記入するときにも役立ちます。

☑ 著作権に注意しよう

> 著作権については
> 45ページも見てね

人がかいたイラストやさつえいした写真などには著作権があり、勝手に使うことはできません。きょかをとらずに使用すると法律違反になることもあるので、写真などが使いたいときはまず大人に相談しましょう。

☑ 文章をそのまま コピーしない

インターネットの文章は簡単にコピーできますが、文章にも著作権があるため、そのまま使ってはいけません。ただし、引用した文章にカギカッコをつけ、出典元を明記する形であれば使うことができます。

コラム

テレビやラジオも情報げんに！

バラエティゆたかな情報を伝えてくれるテレビやラジオ。番組表をチェックしてみると、調べたいテーマに関する話題をあつかっている番組が見つかるかもしれません。地域情報番組や一定の地域で放送されるローカル局の番組なども注目してみましょう。また、ラジオのコミュニティ放送では地域に密着した情報が発信されています。

地図から調べる

まちの地形や自然かんきょう、産業から交通まで、地図はまちについてのさまざまな情報を伝えてくれます。いろいろなタイプの地図があるので、知りたいことがのっている地図を選びましょう。

地図からまちのようすを読み取ろう

　地図を見てわかるのは、まちの形や位置、建物などだけではありません。地形や土地の利用のされ方、どこにどんなものが集中しているかなど、まちづくりに関わるたくさんの情報を読み取ることができます。いろいろな地図を見くらべてみると、発見があるでしょう。地図で調べたあと、現地に足を運んで実際のようすを見るのもおすすめです。

> 地図は紙の地図やインターネットの地図サイトなどでかくにんしよう！

 ## 地図から調べるときの ポイント

☑ 自分のまちの位置やようすをかくにん

まずはまちの位置をかくにんしましょう。そのうえで、海がある、緑にかこまれている、工場が多い、田畑が多いなど、どんなかんきょうなのかを見ていくと、まち全体の特ちょうを知ることができます。

☑ となりのまちも見よう

となり合っている市やまちは、歴史や文化、交通などいろいろな面で関わり合っているものです。となりのまちにはどんな特ちょうがあるか、自分のまちとどんなちがいがあるのかも見ておきましょう。

☑ いろいろな地図を見てみよう

土地が何に利用されているか色分けされていたり、観光スポットのイラストがのっていたり、地図によってえられる情報はちがいます。また、昔の地図と今の地図を見くらべてみると、まちがどのように変化してきたのかがわかるでしょう。

こんなところを見てみよう

大きな公園があります。自然かんきょうはどんなようすか見てみましょう。

駅の周辺にはビルが集中しています。また、線路はどこからどこまでつながっているでしょうか。

太い道はどこにつながっているでしょうか。

博物館や文化会館、美術館などのてんじやイベントでも、地域の特色を知ることができるかもしれません。

港のそばに工場地帯が広がっています。また、漁港や市場もあるかもしれません。

川の近くはどんなようすでしょうか。また、川はどこまで続いているかなどもかくにんしてみましょう。

インターネットの地図は拡大したり縮小したりしてかくにんするとよいですぞ

☑ 地図記号をチェック

地図によっては地図記号がのっているものがあります。自然かんきょうや産業の特色、お寺などの歴史的なスポット、博物館など、さまざまなものがどこにあるかをかくにんできるのでチェックしてみましょう。

‖	田
∨	畑
○	果樹園
⚓	漁港
竹	竹林
♨	温泉
〒	神社
卍	寺院
Π	城あと
∩	記念ひ
∴	史跡
血	博物館

☑ 土地の高さも見てみる

土地の高さごとに色分けされた地図を「標高図」といいます。標高図を見ると、土地が高いところ・低いところが一目でわかり、地形の特色がまちづくりにどのように生かされているかのヒントになるでしょう。標高図は国土地理院のウェブサイトで見ることができます。

国土地理院HP掲載のデジタル標高地形図画像データを使用。

◀関東地方の標高図。内陸部の山のほうは標高が高いので赤っぽい色に。一方、海のほうは低いので青っぽい色になっています。

17

さまざまなしせつ で調べる

たくさんの資料やてんじ物から知識を深められる資料館や、地域のあらゆる情報が集まる市町村役場などのしせつに足を運んでみるのも、まちのことを調べるよい方法です。

資料館 専門的なてんじ資料から くわしい情報がえられる

資料館や博物館には、貴重な書物や実物品、復元模型などほうふな資料がてんじされており、くわしい調査をするのに役立ちます。歴史や自然、動植物などから乗り物、人物記念館まで多様なジャンルの資料館・博物館があるので、どのようなことが学べる場所なのか、事前にかくにんすることが大事です。郷土資料館には、一般の図書館には置いていないまちに関する資料がそろっていることもあります。

いろいろな"館"

- 郷土資料館
- 民族博物館
- 平和資料館
- 記念館
- 伝統工芸館
- 歴史博物館
- 科学博物館
- 自然史博物館
- 美術館
- 文学館

資料館などで調べるときの ポイント

☑ てんじ内容などを下調べする

しせつの公式サイトやパンフレットなどで、てんじ内容をかくにんし、自分が調べたいことと合っているかをたしかめましょう。また、知りたいことを書き出して、事前に見学ルートを考えておくと、スムーズに見学できます。

☑ 勝手に写真をとらない

てんじ物やしせつのなかのさつえいについては、それぞれの場所でルールが決められています。写真をとりたいときは必ずかくにんし、さつえい禁止の場所ではカメラをしまいましょう。

☑ 見学中はメモをとる

気づいたことや感じたことが新しい発見につながるかもしれません。わすれないよう、その場でメモすることを心がけましょう。また、置いてある無料のパンフレットなども持ち帰るようにしましょう。

役場　地域の情報が集まる公共しせつ

行事や産業、ぼうさい、文化財などいろいろな情報が集まってるで！

　まちを管理する市役所や町村役場は、住民に地域や生活に関わる情報をていきょうするのも仕事のひとつです。地域の資料もそろっているので、直接役場に行って調べたいことをたずねてみましょう。ただし、役場にはさまざまな仕事をしている人がいるため、だれでもつかまえて質問してよいわけではありません。お仕事のめいわくにならないよう、十分に注意しましょう。

 ## 役場で調べるときの ポイント

☑ 受付や窓口でたずねる

役場は仕事の内容によって部や課が分かれています。役場に着いたら、まず受付で調べたいことを説明し、「どこに行けばいいですか？」と聞きましょう。関係する部署を教えてもらえます。

（ 役場にあるいろいろな課 ）

まちの産業について………産業振興課、商工課など
まちの道路や公園について………建設課、公園課など
まちの自然やかんきょう保全について………環境課、自然課など
まちの歴史や文化について………歴史文化財課、文化課など
まちのバリアフリーについて………福祉課など
まちの国際交流について………国際交流課、国際親善課など

※課の名称は市町村によってことなります。

☑ けいじ物や情報公開コーナーもチェック

入口や受付には広報誌やパンフレットが置いてあることが多いので、役立ちそうなものがないかチェックしましょう。かべにはってあるポスターからイベントなどを知ることもできます。また、情報公開コーナーがもうけられていることも多く、ここではまちの取り組みに関する資料などを自由に見ることができるので、かくにんしてみましょう。

☑ 人の情報をえる

地域に住んでいる人や地域で活動している人についての情報も役場には集まります。インタビューがしたいと考えているなら、くわしい人がいないか聞いてみましょう。取材できる人をしょうかいしてもらえるかもしれません。

調べたいテーマによっては、警察署、消防署、保健所、清そう工場、下水処理場などの公共しせつに行ってみてもいいですぞ！

まちをたんけん
して調べる

自分のまちのことはいつも見ているけれど、よく観察しながらたんけんしてみると、きっと新しい発見がたくさんあります。自分しか知らない、まちのみりょくをさがしに出かけましょう。

自分の体を使ってまちのことを知ろう

まちのようすを知るためには、実際にまちを歩いて、自分の目でたしかめるのが一番です。何に注目したいか前もって考えておくと、より多くの気づきがえられるでしょう。また、自分の体を使っていろいろな体験をしてみるのも、テーマについて深く知るために大切なことです。本で読んだり、人から聞いたりした情報が実感を持ってイメージできるようになり、自分の考えや興味が広がります。

どんなところをたんけんするか考えてみてね！

👆 まちで調べるときの ポイント

☑ 周りに何があるか チェックする

おとずれた場所の周りをよく見て、どんなものがあるか、どんな人がいるか観察してみましょう。川ぞいに農園や果樹園がある、畑の近くに直売所がある、高いビルが立ちならぶエリアは道路のはばが広く、スーツすがたの人が多いなど、発見があるはずです。

☑ 気になるものは 写真をとっておく

調べたことをふり返るときや、人に説明するときに写真があるとわかりやすいので、たんけん中に気になったもの、気づいたものは写真をとっておきましょう。だれかの持ち物などの場合は、必ずかくにんしてからさつえいするようにしましょう。

☑ 勝手に入ったり、 さわったりしない

気になる場所やものがあったからといって、勝手になかに入ったり、むやみにさわったり、持って帰ったりしてはいけません。調査するために必要であれば、まずは管理している人にきょかをとりましょう。

自分の目で見て、ふれて
体験してまちを学ぼう

そのテーマのみりょくを実感したり、もっと知りたくなったり、実際に体験することで、たくさんの学びがえられます。楽しみながら体験活動にチャレンジしてみましょう。

☑ 地域でとれた食材を食べる

直売所や地元食材コーナーなどで、地域でとれる食材にはどんな特色があるかを見てみましょう。実際にそれらを食べることでも、食材を生かしたアイデアがうかぶかもしれません。

☑ 農業や漁業を体験する

農業や漁業には地域の自然かんきょうが大きく関わっているので、体験してみることでまちの風土がよくわかるはず。生産の大変さや、しゅうかくのよろこびも同時に味わえます。

☑ 歴史的スポットをたずねる

お城や史跡、古い街道などをたずねることで、まちの歴史や文化、昔のくらしのようすなどが見えてきます。また、それらがどのように観光に生かされているかを考えるのもよいでしょう。

☑ 工ぼうなどを見学する

陶芸、織物、染め物など、伝統工芸の制作かていや職人さんのわざを知ることができます。工ぼうの体験教室に参加してみるのもおすすめです。作品を見たり使ったりしてみるだけでも◎。

☑ お祭りに参加する

まちの人たちのお祭りへの思いや、お祭りがどのように受けつがれてきたのかがわかるでしょう。お祭りとまちの歴史や、産業、土地の特色などとのつながりも考えてみましょう。

☑ 国際交流イベントに参加する

外国語や海外の文化にふれて、考え方や習慣などのちがいを学ぶことができます。ぎゃくに日本の食文化や遊びなどを知ってもらうことでも、楽しい交流が生まれるはずです。

そのほか、こんな体験も！

☑ ガイドツアーに参加する
ガイドさんの説明を聞きながらまちをめぐり、知らなかったスポットやまちのみりょくを発見しましょう。

☑ アイマスクや車いすを体験する
目や足の不自由な人の気持ちを体感することで、自分にできることやまちに必要なことが見えてきます。

☑ 海や川の清そう活動に参加する
地域の自然かんきょうのようすや、その大切さを実感できます。また、ふだんどんな人たちがまちをきれいに守ってくれていたのかも知ることができます。

☑ 生き物を観察する
自然がある場所を散歩して、生えている木や植物、生息する生き物などを観察してみましょう。まちの生き物マップなどをつくってもおもしろいでしょう。

インタビュー
をして調べる

実際にまちづくりに取り組んでいる人や、調べたいテーマにくわしい人の生の声を聞けるのがインタビューのよいところ。じゅんびをして、聞きたい話を上手に引き出しましょう。

思いや体験まで直接聞くことができる

　知りたいことを直接、人に質問できるインタビューは、資料やインターネットからは出てこない、いろいろな話を聞くチャンスです。また、まちづくりやテーマに関する活動をしている人がどんな人かを知ることも、重要な情報になるでしょう。インタビューは相手の協力がなければできません。感謝の気持ちを大切にして、失礼のない態度を心がけましょう。

かぎられた時間で知りたいことを聞くためには、事前のじゅんびも欠かせませんぞ！

 ## インタビューの 流れ と ポイント

インタビューは次のような流れで進めます。
何のじゅんびもせずにいきなり話を聞くのは相手にも失礼なので、きちんと順序をふんでいきましょう。

❶ 下調べをする → **❷ インタビューを申しこむ** → **❸ インタビューのじゅんびをする**

❹ インタビュー当日 → **❺ お礼のメールや手紙を出す** → **❻ メモを整理する**

スケジュールには、よゆうを持ってお願いしよう

急にたのまれても相手がこまるで！

❶ 下調べをする

まずはだれにインタビューすればよいか考えましょう。調べるテーマや知りたいことなど、インタビューの目的によって話を聞く相手は変わります。「何を知りたいか」「どんな話が聞きたいか」をはっきりさせたうえで、インターネットを使ってさがしたり、先生や地域の人などに相談したりして、インタビューする人をさがしましょう。

ポイント

・何について、どんなことを聞きたいか整理する。
・目的に合ったインタビュー相手をさがす。

❷ インタビューを申しこむ

事前にメールや手紙、電話でインタビューの目的や聞きたい内容を伝えて、お話をうかがえるか問い合わせます。外出していることが多い人にはメールを使う、いそがしい時間をさけて電話をするなど、相手のじょうきょうを考えて連らくしましょう。失礼がないよう言葉づかいにも注意し、メールや手紙は送る前に先生やほご者の人にかくにんしてもらいましょう。

ポイント

・相手の事情を考えて連らくする。
・ていねいな言葉を使い、お願いしたいことをわかりやすく伝える。

●メールをするときの例文

> タイトルは短くわかりやすい言葉にしましょう。

件名 ○○おどりについてインタビューのお願い

本文

○○○おどり保存会
△△様

> 最初に団体名や相手の名前を書きます。団体のなかのだれに聞けばよいかわからないときは、団体全体に向けて「○○御中」、個人名がわかるときは「○○様」と書きましょう。

はじめまして。
わたしは○○小学校○年○組の○○○○といいます。
今わたしたちは社会科の授業で
地域の伝統芸能について調べています。

> 自己しょうかいをして、自分たちの活動について伝えます。

○○○おどりを伝えていくために、
おどりの指導を行っているという
△△様の記事を地域新聞で見て、ぜひ○○○おどりの
歴史やみりょくをうかがいたいと思いました。
おいそがしいところおそれいりますが、
インタビューのお時間をいただくことはできるでしょうか。

ご返信をお待ちしています。
よろしくお願いいたします。

> 目的やお願いをはっきり伝えましょう。

○○小学校○年○組
○○○○
○○市○○町1-2-3
電話：○○○-○○○○-○○○○

> 最後に学校名、名前、連らく先を明記します。

●電話をかけるときの例

> あいさつして自分の学校名や名前を言います。

おいそがしいところすみません。
わたしは○○小学校○年○組の
○○○○といいます。

わたしたちは今、
地域の特産物について
調べていて、
地元の野菜を使った商品について
お話を聞きたいと考えています。
インタビューをお願いできますか？

> 聞きたいことを伝え、インタビューできるかかくにんをとりましょう。

わかりました。
それではまたご連らくさせていただきます。
おいそがしいところ、
ありがとうございました。

> 最後にきちんとお礼を言いましょう。

> 電話をかけるときはメモをとれるように筆記用具を用意しておこう！

❸ インタビューのじゅんびをする

聞きたかったことをわすれないよう、事前に質問したいことを整理して質問シートにまとめておきましょう。本やインターネットで調べればわかることではなく、エピソードや気持ちなど、その人に聞かなければわからない質問を用意するとインタビュー内容がより深まります。当日の持ち物もじゅんびしましょう。

● 質問シートの例

・なぜ国際交流イベントを始めたのですか？

・国際交流イベントをやってよかったと思うのはどんなときですか？

> 質問の下に書きこめるスペースをつくっておくとメモをとるときに便利です。

・大変なことはありますか？

・これからどんなイベントをやってみたいですか？

> 聞きたいことが多くても、質問は4つくらいまでにしましょう。

> 質問内容は事前に相手に伝えておくとインタビューがスムーズだよ

インタビューグッズ

インタビューするときにあると便利なグッズです。タブレットやスマートフォンの機能でも代用できます。

① **筆記用具**　インタビュー中にメモをとるために、ペンやメモは必ず持って行きましょう。質問シートはバインダーにはさんで持って行くと便利です。

② **カメラ**　見学先や取材相手のほか、資料になりそうなものをさつえいしておくとよいでしょう。

③ **時計**　時間をはかったり、取材時間をかくにんしたりするときに使います。特に外で取材をするときは持って行きましょう。

④ **ボイスレコーダー**　音声を録音できる機器です。あとで話の内容を聞き直したいときに役立ちます。録音するときは必ず相手にきょかをとりましょう。

⑤ **資料など**　事前に調べた資料などを持参すると、情報がすぐにかくにんできます。見学先にある無料のパンフレットなども、もらうようにしましょう。

❹ インタビュー当日

相手の貴重な時間を使ってインタビューに協力してもらうのですから、めいわくをかけたり、失礼だと思われたりしないように、あいさつや言葉づかいなどのマナーに気をつけましょう。質問をするときは、自分が知りたいことが正確に伝わるようにはっきりと話し、相手の話はメモをとりながらよく聞きましょう。

聞くときのマナー

☑ 時間を守る

約束の時間におくれるのはとても失礼です。事情があってどうしてもちこくしてしまうときは、必ず電話で連らくするようにしましょう。

☑ あいさつをわすれずに

相手に会ったら、まずは自己しょうかいし、「よろしくお願いします」と明るく元気にあいさつしましょう。インタビュー後にきちんとお礼を伝えることも大事です。

☑ ていねいな言葉を使う

インタビューでは敬語を使うのが基本です。何が聞きたいのかしっかり伝わるように、相手の目を見て大きな声で、ていねいな言葉を使って話しましょう。

☑ 録音やさつえいはきょかをとる

インタビューを録音したり、写真をとったりしたいときは、「録音してもいいですか？」などあらかじめ聞いてから行います。注意点などを言われたらしっかり守りましょう。

❺ お礼のメールや手紙を出す

インタビューが終わったら、協力してくれた人たちにできるだけ早くお礼のメールや手紙を出しましょう。感謝の気持ちが伝わるように、ていねいな言葉を使い、インタビューの感想や気づいたことなども書きそえるとよろこんでもらえるはずです。

●お礼の手紙の例

○○農園
△△様

こんにちは。
○○小学校○年○組の○○○○です。
先日は、野菜のさいばいについて
お話を聞かせてくださり、ありがとうございました。
おいしい野菜をつくるために、みなさんがたくさんの
工夫をしていることがわかりました。
　特に、まちの自然かんきょうのおかげで野菜が
みずみずしく育つというお話が心に残っています。
発表ではクラスのみんなにもそのことを伝えたいと思います。
このたびは、本当にありがとうございました。

○○年○○月○○日
○○小学校○年○組○○○○

❻ メモを整理する

インタビュー後は、話の内容をよく覚えているうちに、メモを見ながら取材したことをノートにまとめておきます。印象的だったこと、新しく発見したこと、もっと調べたいことなどを整理しておきましょう。さつえいした写真もはっておくと、よりわかりやすい資料になります。

 上手なインタビューの **ポイント**

相手の表情も
きちんと見て
話を聞くとよいですぞ

☑ 話をしっかり聞く

集中して話を聞き、わからないことがあれば質問して疑問を残さないようにしましょう。うなずく、相づちを打つなどして、きちんと聞いていることをしめすと相手は話しやすいです。

☑ 要点だけメモをとる

話を聞きながらメモをとるのは意外にむずかしいものです。大事なことだけ短い言葉でメモするようにしましょう。きょかをとって録音もしておくと、あとでかくにんできて安心です。

☑ 役割分担を決めておく

グループでインタビューする場合は、質問担当、メモ担当、さつえい担当など、前もってそれぞれの役割を決めておくとスムーズに進行できます。何人かで質問するときは、その順番も決めておきましょう。

☑ 答えを深ぼりしてみる

用意していた質問だけでなく、答えてもらったことをさらにくわしく聞いてみると、話の内容が深まります。「なぜそう思ったのですか？」と相手の思いを引き出しましょう。

集めた情報を 整理 する

集めた情報は、必要なときにすぐ取り出せるようにしておくことが大事です。情報を整理することは、自分の考えをまとめることにも役立ちます。

ノートに整理する

　いろいろな方法で集めた情報を、自分自身がわすれないように整理しましょう。時間がたってから見返してもわかりやすいようにまとめることがポイントです。調べた日付、何を使って調べたのかを必ず書き、わかったことや心に残ったこと、気になったことなどを記録しておきましょう。大事だと思うところにマーカーを引いたり、かこみをつけたりして目立つようにしておくとかくにんしやすくなります。

> ☑ **ふせんを使っても！**
>
> 右ページの「情報カード」のような内容をふせんに記録しておき、ノートにはって整理するのもよいでしょう。ふせんならさしかえたり、つけくわえたりするのも簡単なので便利です。

> タブレットの
> ノート機能を
> 使ってもいいよ！

6／3（金）
テーマ：〇〇〇〇〇〇について

〈わかったこと〉

〈資料〉
『〇〇〇〇〇〇〇〇』
15ページ　△△社　2023.4.1発売

気づいたこと　　　もっと調べること

資料はファイルにまとめる

　パンフレットや本のコピーなど、集めた資料もなくさないようにファイリングしておきます。そのとき、ファイルのポケットにインデックス（さくいん）シールをつけて分類しておくと、どこにどんな資料が入っているか一目でわかります。

◀とうめいなポケットに入れておけば中身がすぐにかくにんできます。

> 新聞の切りぬきなど小さいものは、
> スクラップブックに
> はりつけておくのもおすすめやで

▶インデックス（さくいん）シールは、テーマや資料のジャンルごとなどに分類しましょう。

情報カードを使って整理しよう

ノートなどに記録する以外に、「情報カード」をつくって記録する方法もあります。あとで情報を整理するとき、同じテーマの内容を集めたり、ならべてかくにんしたりできるので便利です。

●情報カード

調べたこと	
わかったこと	
資料	[資料名（タイトル）／ページ]
	[著者名／作者名]
	[出版社／発行年／アドレス]
調べた日	月　　日（　　）　名前

カード用紙は手づくりでも、売っているものでも◎。たてが7～8cm、よこ12～13cmくらいのサイズのものが使いやすいよ。

使いやすくアレンジするといいですぞ

●情報カードの記入の例

調べたこと	山梨県の郷土料理「ほうとう」について
わかったこと	・ほうとうは、小麦粉を練ってつくる、はばの広いうどんのようなめん。 ・かぼちゃ、にんじん、きのこなどとにこむ。 ・お米が育ちにくいかんきょうで、米に代わる主食として古くから親しまれてきた。 ・平安時代から貴族が食べていたといわれる。
資料	[資料名（タイトル）／ページ]　○○○○○／34ページ [著者名／作者名]　△△△△ [出版社／発行年／アドレス]　○○社／2022年8月5日
調べた日	11月8日（水）　名前　○○○○

調べることのテーマを書く。

調べてわかったことを書く。わかりやすいよう、かじょう書きで大事なポイントだけ書くようにする。

本の場合はタイトルや著者名、出版社名など。ウェブサイトの場合はサイトの名前やアドレスを書いておく。

調べるのに使った本の名前や情報サイトなどは必ず記入する。

調べた日もわすれずに。特にホームページなどは定期的に新しくなるので、いつ調べたか記録しておくとよい。

なくしたり、だれかのカードにまぎれたりしないように名前も必ず書く。

（ 情報カードを使うときのルール ）

・1まいのカードに書くのは1テーマとする。情報が多くて書き切れないときは、カードを変えて、「調べたこと」のテーマのうしろに①②など数字をつける。
・カードは表面だけに記入する。裏面に書くと、あとでかくにんするときにカードをならべて同じようなテーマを集めたり、分類したりしづらくなる。
・同じテーマの内容でも、調べた情報元ごとにカードを変える。
・写真をはったり、特に大事な部分にマーカーを引いたり、自分なりにわかりやすいカードをつくる。

情報カードはファイルにとじたり、あなを開けてカードリングでまとめたりしておくといいよ！

発表資料にまとめる

調べた情報をもとに、発表のじゅんびを始めましょう。まずは、どんな目的で、どんな資料で発表するかを考えます。伝わりやすい資料をつくるコツもおさえておきましょう。

発表の目的を考える

まずは調べた内容を発表するにあたり、どんな目的で、どんなことを伝えたいのかを考えます。発表の目的は、主に右の4つです。調べた情報から自分が何を主張したいのか、聞く人にどんなことを感じ取ってほしいのかをかくにんしましょう。

目的に合わせて資料を選ぶ

発表用の資料にもいろいろな形式があるので、発表の目的から、どんな資料だと伝わりやすいのかを考えましょう。また、発表する相手や人数、じょうきょうなどもかくにんするとよいでしょう。写真やイラストを大きく使いたい、細かい説明を書きこみたいなど、つくりたい資料のイメージも重要なポイントになります。

●発表の目的

❶ しょうかいするため
調べた情報や調査結果をしょうかいし、みんなに知ってもらう。

❷ おすすめするため
自分の好きなものや、みりょくを感じたことをおすすめし、そのよさを伝える。

❸ 主張するため
調べたことから感じた自分の考えや、これからやりたいことなどを主張する。

❹ 働きかけるため
発表を通して、みんなでできることや、考えてほしいことを働きかける。

紙の資料

▶学習新聞 （→32ページ）
調べた情報を新聞のようにまとめたもので、かべにはり出すかべ新聞のほか、印刷して配布する方法もあります。かべ新聞は大きな紙を使うことができ、口頭での発表資料にも向いています。

▶レポート （→33ページ）
情報を冊子にまとめた、自由に読んでもらう形の資料です。文章でより多くの情報を伝えることができます。文章はわかりやすい言葉で書くことを心がけ、イラストを使うなどの工夫もしましょう。

▶ポスター （→33ページ）
図や写真を大きくのせて、伝えたいことを1まいの紙にまとめます。写真やイラスト、グラフなど文章以外の要素をうまく使うことで、一目で理解しやすく、印象にも残るものになります。

デジタルの資料

▶スライド資料 （→36ページ）
パソコンで文章と図や表、写真などを組み合わせてつくります。プロジェクターでスクリーンなど大きな画面にうつし出し、口頭の発表に合わせてページをめくっていけば、わかりやすい発表になります。

▶動画 （→38ページ）
動画をつくって情報を伝えるという手もあります。「百聞は一見にしかず」というように、実際の作業風景などは動画を用いるとよく伝わります。何をどうさつえいするとわかりやすいか考え、とり方も工夫しましょう。

ほかにも紙しばいやパンフレット、ペープサートなど、アイデアはたくさんあるよ！

資料を つくる 前 に

集めた情報や素材を発表資料にまとめていく前に、もりこみたい内容を整理することが大事。
資料は何よりも伝わりやすさが大切です。つくり方や意識すべきポイントをかくにんしましょう。

伝えたい内容を整理してからつくり始めよう

たくさん集めた情報をそのまま資料にのせても、伝えたいことが相手には見えてきません。調べた情報をわかりやすくまとめて相手に伝えることが大事です。そこでポイントになるのが、何をどの順番で伝えるかということ。伝える順番が変わるだけで理解度が大きく変わることもあります。あらかじめ話の道すじを整理してから資料づくりにとりかかりましょう。

> 情報が多ければ多いほど
> 整理が大事だよ！

☑ 必要な項目で整理しよう

発表資料には必要とされる項目があります。この項目にそって情報を書き出してみると、話の流れが整理でき、相手にも伝わりやすくなります。

調べたきっかけ	どんなときにどんなことに興味を持ってそのテーマを選んだのか。
調べたかったこと	興味があったことについて具体的に何を調べようと考えたのか。
調べた方法	いつ、どこで、どうやって調べたのか、実際に行った調査の方法や進め方。
わかったこと	調査して見つけた情報やわかった結果、そこから気がついたこと。
まとめ・考察	わかったこと・わからなかったこと。そのことについての自分なりの考え。
参考資料	調査に使用した本のタイトルや出版社、インターネットのアドレス、引用した資料名など。

> ５Ｗ１Ｈは、
> 作文やふだんの会話
> などでも役立つよ！

☑ ５Ｗ１Ｈも意識する

５Ｗ１Ｈが意味するのは、「いつ」「どこで」「だれが」「何を」「なぜ」「どのように」の６要素。これらは情報を正確に伝えるために必要とされています。じょうきょうをくわしく説明したいときに意識してみましょう。

（ ５Ｗ１Ｈとは ）

When	いつ（日時、季節）
Where	どこで（場所、空間）
Who	だれが（人物、名前）
What	何を（出来事、もの）
Why	なぜ（目的、理由）
How	どのように（方法）

（ 例文 ）

9月10日、わたしは 〇〇市のゴミの量について調べるために、
〔いつ〕〔だれが〕　　　　　　　　　　　〔なぜ〕

メールで取材のお願いをして ゴミ処理センターに
〔どのように〕　　　　　　　〔どこで〕

見学に行きました。
〔何を〕

伝わりやすい資料づくりの ポイント

☑ いろいろな素材を使う

文章だけの資料よりも、イラストや写真、グラフなどを使ったもののほうがパッと見て伝わりやすく、見る人の興味を引くことができます。いろいろな素材を効果的に使い分けましょう。

▶イラストや写真

イラストや写真があると具体的なイメージが伝わりやすくなります。見た目がにぎやかになるとともに、レイアウトにも動きが出て、メリハリのついた資料に仕上げることができます。

▶グラフや図

数の変化を見たりくらべたりなど、データをわかりやすくしめすことができます。棒グラフや折れ線グラフ、円グラフなど、たくさんの種類があるので、データの内容に合わせて選びましょう。

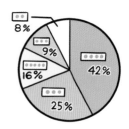

▶地図

特定の場所の正確な位置や、何がどれくらい広まっているかの分布のデータなどを見せることができます。地図上に書き入れたり、地図を色分けしたりするのがおすすめです。

▶実物

ものをしょうかいするときに、実物を見せたり、さわったりしてもらうと、実感をもたれやすくなります。実物が用意できない場合は、模型をつくって見せるのもよいでしょう。

☑ 文章はわかりやすく　かじょう書きも入れる

情報量が多すぎると、相手は読むのがしんどくなってしまうかもしれません。できるだけ長い文章は使わないようにして、ポイントをかじょう書きでしめすと、大事なことをわかりやすく伝えられます。

☑ 見出しを入れる

パッと見てどんなことが書かれているのかすぐわかるようにするのが、見出しの役割です。全体の内容を表す大見出しのほか、話題の区切りごとに小見出しも入れましょう。メリハリが生まれ読みやすくなります。

☑ 色をうまく使う

強調したい部分に色をつけて目立たせたり、テーマカラーを決めてイメージづくりをしたり、色を活用するのも効果があります。ただし、たくさんの色を使ってしまうとかえって見づらくなるので、色数は3色くらいにしぼりましょう。

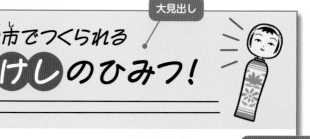

大見出し

仙台市でつくられる
こけしのひみつ！

こけしは
いつ生まれた？

小見出し

宮城県にある
5つのこけし

かじょう書き

グループで発表するときの ポイント

きちんと役割分担をしよう

　意見を出し合ったり、手分けして作業を進めたり、みんなで協力してつくり上げていく楽しさはグループ発表ならではのよさです。自分とはちがう考え方に気づいたり、思考を深めたりする機会にもなるでしょう。一人では調べきれないテーマに挑戦することもできます。大切なのは、人まかせにせず、全員で取り組むこと。役割分担をしっかり決めたうえで、アイデアを出し合い進めましょう。

スムーズなグループ発表の流れ

グループ発表を成功させるカギは、やるべきことをひとつずつ、きちんと決めていくこと。意見や考えがくいちがっていても、否定せずに話し合うことが大切です。

❶ 発表の目的を考える

発表で何を伝えたいか、どんな目的で発表を行うか、それぞれの意見を出し合って考えていきましょう。目的をひとつにしぼらず、いくつかに分けてもよいでしょう。

❷ 発表方法を決める

新聞やポスター、スライドなど、発表用の資料はどんな形式にするかを考えます。発表をするときにも役割分担ができるので、いくつかの種類の資料を組み合わせてみるのもおもしろいでしょう。

❸ 伝えたいことを出し合う

まずは調べた情報のなかから、伝えたいことや取り上げたい内容を一人ひとりが考えます。それを書いて出し合い、グループとしての意見をまとめましょう。みんなが納得できるように、きちんと話し合うことが大事です。

❹ 資料づくりや発表の分担を決める

資料をつくるときも役割を決めるとスムーズです。絵をかくのが好きな人がイラストをかく、パソコンが得意な人がスライドをつくるなど、メンバーが得意なことを生かせるように考えてみましょう。

それぞれがきちんと役割をこなしていかなあかんで！

文章を考えるのが好き

絵が得意

学習新聞にまとめる

学習新聞は、調べたことを1まいの紙のなかで表現し、一目で見られるのが便利なところ。手書きで制作することで、熱意や親しみやすさが強まる点も特ちょうです。ただし、1まいに伝えたいことをおさめるためのレイアウトや文章量などの工夫も重要になります。

4コマまんがなどを入れてみるのもおもしろいね！

特ちょう

・1まいの紙のなかで情報を一覧できる。
・教室や廊下などにはられることで、多くの人に見てもらえる。
・印刷して配布することができる。
・熱意が伝わりやすく、親しみやすい。

ポイント

・レイアウトや文字の大きさをよく考える。
・かぎられた文字数のなかで、伝えたいことをわかりやすく文章にする。
・色使いなどでメリハリをつける。
・文字だらけにならないよう、イラストや写真も使う。

学習新聞づくりの流れ

❶ のせる内容を考える

発表の目的からどんな内容をのせるのかを考え、必要な素材を集めます。

❷ レイアウトを決める

特に伝えたいことや見せたい情報の順番などをふまえ、文章や写真、イラスト、図などをどこに置くかレイアウトを決めます。

❸ 記事を書く

レイアウトに合わせた文字数で記事を書きます。タイトルや見出しを入れて、伝えたい意図がパッと見てわかるよう工夫しましょう。

❹ 清書をする

清書をする前に、えんぴつで下書きをしておくと安心です。文字の大きさや素材の配置などもかくにんしながら進めましょう。

●学習新聞の例

新聞を読むときに一番初めに目に入るのが大見出し。さらに記事にも興味を引く小見出しを入れて読み進めてもらう。

新聞名（タイトル）を入れる。どんなテーマの新聞か、一目でわかるようにしよう。

特にポイントとなる記事はスペースを大きめにとる。本文と写真をバランスよく配置しよう。

記事のなかのキーワードや用語などをくわしく解説したいときは、別でカコミをつくるとよい。

最後に自分の感想や考えをまとめるとよい。「社説」「作者の考え」「あとがき」などとしても◎。

レポートにまとめる

ノートやスケッチブックなどの冊子に調べた情報をまとめます。たくさんの内容をもりこめるだけでなく、ページごとに見せ方を変えることも可能。写真や図の配置も自由に工夫できます。ルーズリーフやポケット式のクリアファイルなどを使ってもよいでしょう。

●レポートの例

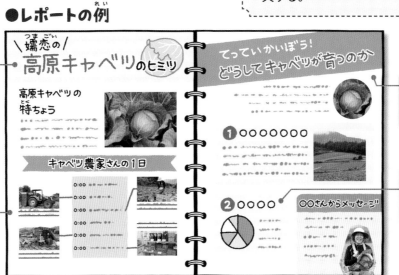

表紙にはみりょく的なタイトルを！

最初に大見出しを入れる。

何かのお仕事などを調べたときは、1日のスケジュールなどを入れるとよい。

インパクトのある見出しを入れて興味を引こう。

グラフなどのデータを入れると伝わりやすさがアップする。

ポスターにまとめる

ポスターは学習新聞よりも少ない文字数で、1まいの紙に伝えたいことをまとめます。インパクトのあるタイトルやレイアウトの工夫、写真やイラストをうまく使うことが大切です。パッと見て印象に残る、オリジナリティある作品を目指しましょう。

●ポスターの例

タイトルは大きくかいて、一目で内容がわかるように。

イラストなどは大きめに入れると印象に残りやすい。

写真や図なども使うことで、紙面に動きを出す。

見出しを立てて、情報をまとめる。

アイデアいろいろ
発表の演出を自由に考えよう！

いろいろな演出を加えれば、発表がより楽しくなりそうだね！

ワイは漫才でも取り入れてみよかな～

発表を行うときには、資料の内容を説明したり原こうを読み上げたりするだけでなく、演出にもさまざまな工夫を取り入れてみましょう。聞いている人を引きこみ、楽しんでもらえる演出のアイデアはたくさんあります。

資料に加えてみよう

発表するときに加えてみたい演出や、資料にもりこんでみたいアイデアをしょうかいします。

☑ クイズを出す

発表のとちゅうにクイズを出してみましょう。「ここでクイズです！」と、発表内容に関する問題を出すことで、聞く人が参加できるだけでなく、さらに興味を引くことができるでしょう。

ここでクイズです!

☑ 実演する

おどりや民ようなど、写真や文章では伝わり切らない動きや音があるものは、実演するとよいでしょう。練習の時間も、楽しい思い出になるはずです。

☑ ランキングを入れる

資料に「〇〇ベスト３」などランキングをもりこんで、発表してみましょう。このとき、ランキング結果をみんなに予想してもらうと、さらにもり上がるでしょう。

▶ランキングの内容は何でもOK。結果の部分に上から紙をはるなどして目かくししておき、順番にはがしていっても楽しいです。

〇〇の生産量ランキング
1位 〇〇市
2位 △△市
3位 ◇◇町

☑ 模型をつくる

実物を持ちこめない大きなものは、ねんどや紙、発ぽうスチロールなどで模型をつくるのも手です。全体のようすや形が見られると、発表内容をより理解してもらうことができます。

▶模型をつくるときは、色などもさいげんしてみましょう。内側がどうなっているかわかる模型も効果的です。

こんなものもつくってみよう！

発表資料の形式が自由な場合は、遊びのある、一味ちがったものをつくるのもおもしろいでしょう。よりよい発表にするためには内容はもちろん、自分なりのこせいを出すことも大切です。

☑ かるた

自分のまちの特ちょうや有名スポット、「あるある」などをテーマにしたご当地かるたをつくってみましょう。発表の場でみんなに参加してもらったり、教室に置いておいて、自由に遊んでもらうのもおすすめです。

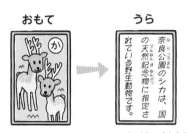

おもて　　　　　うら

▲取りふだのうら面には、その内容の豆知識などを書いておくとさらに楽しめます。

読みふだ

取りふだを表す文章を書きます。文字数は特にルールはありませんが、「五・七・五」で考えるとリズムがよいです。

取りふだ

読みふだに合うイラストをかいたり、写真をはったりします。

☑ 観光（散さく）マップ

まちの文化財や遺跡、おすすめのお店、ユニバーサルデザインしせつなど、発表したいテーマに合わせて、そのスポットを地図にまとめます。レポートにまとめて、そのスポットのしょうかい文をのせたページをつくってもよいでしょう。

▶ このほかこんなアイデアも！ ◀

☑ クイズブック

自分のまちについてのクイズをたくさんのせた冊子です。表面にクイズを書き、そのうら面にクイズの答えと解説をのせます。写真やイラストがあると◎。

☑ お散歩ビンゴ

紙にマスを書いてビンゴカードをつくり、マスのなかにまちの建物や文化財、オブジェなどをかきます。まちを歩きながら、それらを見つけることでビンゴを目指してもらいます。

デジタル資料で発表しよう

パソコンやタブレットのソフトやアプリを使ってつくるデジタル資料は、大きなスクリーンなどにうつすことができるので、たくさんの人の前での発表に向いています。

スライド資料や動画で動きのある発表を

デジタル資料には主に、写真やグラフ、文章などを組み合わせてつくる「スライド資料」と、さつえいしたえいぞうや画像などを編集してつくる「動画」があります。かんたんにつくれるアプリなどもたくさん出ているので、みりょく的な資料づくりに活用してみましょう。

スライド資料をつくろう

資料を補助的な役割として、自分の言葉を中心にプレゼンテーション❓を行いたいときにおすすめなのが、スライド資料。資料づくりでよく使われるのが、Microsoft Power Point® というソフトです。「スライド」とよばれる１ページごとの画面に、写真やイラスト、文章、グラフなどを組み合わせて作成します。タイミングよく次のページにスライドできるよう、リハーサルも大切です。

特ちょう

・スクリーンなどにうつしてプレゼンができる。
・データでつくるので手直しがしやすい。
・いろいろなグラフや表が使える。

ポイント

・１ページに１つの情報を心がける。
・スライド資料はあくまで、言葉で伝えるときの補助と考える。
・発表時はタイミングよくページをスライドする。

❓ プレゼンテーションとは

調べたことや考えを相手に伝えたり、説明したりすることを「プレゼンテーション（プレゼン）」と言います。言葉だけで行う場合や、スライドや動画などの資料を用いて行う場合など、いろいろなやり方があります。

見やすい資料のポイント

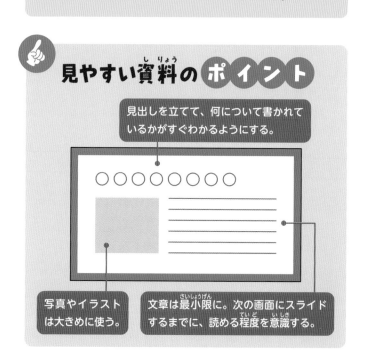

見出しを立てて、何について書かれているかがすぐわかるようにする。

写真やイラストは大きめに使う。

文章は最小限に。次の画面にスライドするまでに、読める程度を意識する。

●スライド資料の例

**新宿区の
ユニバーサルデザイン**

〜だれもが歩きたくなるまちに〜

〇年〇組 △△△ △△△

❶ 最初のページには、発表のタイトルと発表者の名前を書きます。

❶ 調べたきっかけ
❷ 調べた方法
❸ 調べた結果
❹ 結論・まとめ

❷ 発表する順番の流れをしょうかいします。目次のようなものです。

調べたきっかけ

新宿中央公園に遊びに行ったときに不思議な形の遊具を見つけ、それがユニバーサルデザインの遊具だと知り、ほかにはどんな取り組みがあるのか気になったから。

❸ 調べたきっかけや、そのテーマをなぜ選んだかの理由を発表します。重要な部分は色文字にするなど工夫しましょう。

調べた方法

❶新宿駅周辺を歩き、ユニバーサルデザインのスポットを見つける。

❷見つけた場所は地図に印をつける。

❹ どのように調べたのか、写真やイラストなどを見せながらしょうかいします。

調べた結果

❺ 調べた結果を発表します。集計したグラフやデータ、地図などを使い、視覚的に表現するとわかりやすいです。

結論・まとめ

・新宿区の駅や公園、公共しせつ、ホテル、百貨店などいろいろな場所でユニバーサルデザインを見つけた。
・2020年に「新宿区ユニバーサルデザインまちづくり条例」ができた。
・さまざまな人が集まる新宿区では、ユニバーサルデザインの取り組みが進められている。

❻ 最後に結論やまとめをしめします。かじょう書きなどで、できるだけ短くわかりやすい文章でまとめましょう。

文字の大きさや色も工夫してメリハリのある資料をつくろう！

ソフトによってデザインの見本や編集機能などもいろいろあるから、まずは試してみよう！

動画をつくろう

言葉だけでは伝わり切らない風景や技術、おどりなどをより具体的にしょうかいできるのが、動画のいいところ。タブレットやスマートフォンで動画をさつえいし、アプリなどを使って編集します。自分がレポーターとして出演したり、ナレーションをつけたりしてもおもしろいでしょう。

特ちょう

- 言葉ではわからない動きなど、細かい部分まで伝えられる。
- 現場の音などもとどけることができる。
- 短時間で多くの情報をもりこめる。

ポイント

- どれくらいの時間の長さの動画にするか考える。
- 外でのさつえいでは天候にも気をつける。
- 事前に絵コンテや台本をつくる。

動画をつくるときの ポイント

☑ とりたいものを決めておく

よい動画を完成させるためには、どのようなシーンがとれるかが重要。さつえいしたいカットを事前に考え、可能であれば現場を下見しておくと安心です。また、さつえい前には必ずその場所を管理している人や、さつえい相手にきょかを取りましょう。

▶ どんな構成にする?

例えば伝統的工芸品のエぼうでさつえいを行う場合、最初にエぼうのようす→工芸品→職人さんの作業のようす……など、どんな構成にするかを考え、必要なカットをおさえます。

▶ どんな画面にする?

カメラを向けるのが後ろからか前からか、高い場所か低い場所かでも、画面のイメージはガラリと変わるため、どこから、どんなふうにとりたいのかを頭にえがいておくと◎。相手の協力が必要なときは、事前にお願いしておきましょう。

▶ 長さはどれくらい?

動画の時間の長さに指定がない場合、自分で決めておく必要があります。1分くらいのCMのようにつくるのか、じっくり5分程度の動画にするかにより、必要な素材の量も変わります。

動画をとるときの 注意点

- 事前に必ずきょかを取り、相手がダメと言ったら、さつえいはしない。
- 周辺の人が写りこまないように気をつける。
- 車や人、大事なものなどにぶつからないよう、周りに気を配る。
- さつえいしたデータを消してしまわないよう注意する。

●動画の例

タイトルは一番初めのタイミングで入れる。そのテーマを特に表すカットを背景にすると印象に残りやすい。

どこでさつえいしているのか、その場所のようすがわかるカットを入れると、見る人がじょうきょうをつかみやすい。

これは、南部鉄器の型をつくっているところです

テロップ文字は、重要なキーワードを強調したいときや、音が聞き取りにくいときの補助として使うとよい。

制作　　協力

最後に必ず制作者（グループの場合は全員分）と、協力してもらった人や会社、取材先などの名前を入れる。

コラム

SNSで発信してみよう

編集した動画やさつえいした写真などをより多くの人に見てもらうために、動画や写真の投こうサイトにアップしてみましょう。SNSは世界につながっているため、国内だけでなく、海外の人もあなたのまちのみりょくを知ってくれるかもしれません。
ただし、注意点も多いので、必ず大人に相談してから進めましょう。

▼ハッシュタグは、たくさんの人がけんさくしそうなキーワードを入れましょう。

#○○県 #△△町
#農業 #大根

◀実際に投こうするときは、さつえいに協力してもらった人に必ずきょかを取りましょう。

投こうするときにそえる文章も自由に考えてみるのですぞ

発表のじゅんび をしよう

発表を成功させるカギとなるのが、本番までのじゅんびです。調べたことを資料にまとめ終わったら、発表当日に向けて原こう（読み上げる文章）をつくり、リハーサルを行いましょう。

目的に合った発表になるよう、わかりやすく伝えよう

発表はこれまで一生けん命に調べてきたことをみんなに知ってもらうための最終章。調べたテーマについてよく知らない人にも、しっかり伝わるように話す内容を決め、原こうをじゅんびします。事前につくった資料は発表をわかりやすくするための補助的なものです。資料に書いてあることをそのまま読むのではなく、口頭だからこそ伝えられる実感などものせて、発表の目的を意識しながら、自分の言葉で発表することを心がけましょう。

うまくいく発表の ポイント

❶ 話す内容と順番を考える

みんなにわかりやすく発表内容を伝えるために、まずは話の流れを整理します。最初にテーマを説明し、次にそのテーマを選んだ理由やきっかけを話します。そのあと、調べてわかったことをくわしく話し、最後に自分の考えをまとめましょう。

☑ キーワードを書き出してみよう

発表の流れにそって、キーワードになるものや伝えたいと思うエピソードなどを書き出し、話す内容を組み立てていきます。自分の意見や感想、疑問なども加えて、話にあつみを出しましょう。

●話す順番

テーマ、タイトル

↓

調べたきっかけ

↓

調べた結果

↓

気づいたこと、まとめ

❷ 原こうをつくる

たくさんの人の前で発表をするのはきんちょうするもの。ドキドキして話そうと思っていたことをわすれてしまったなんてことにならないよう、原こうを用意しておくと安心です。

原こうができたら

☑ **声に出して読み直す**

原こうをつくり終えたら、声に出して読み直しましょう。実際に口に出してみることで、話が飛んでいる部分やわかりにくい表現に気づくことができます。

わたしたちのまちには……

チェックポイント

・一文が長すぎてわかりづらくなっていないか。
・話が飛んだり、急に変わったりしていないか。
・「とても」「すごく」などあいまいな表現がないか。
・むずかしい専門用語がないか。

☑ **だれかに読んでもらう**

家族や友だち、先生に原こうを読んでもらい、わかりにくいところやおかしな表現がないかチェックしてもらうのもおすすめです。客観的な目で見て、自分では気づかないことを教えてもらえます。

●原こうの例

まずは調べたテーマを発表する。	今日わたしが発表するのは、嬬恋村の高原キャベツについてです。
問いかけなどをすると、興味を引いたり、テーマがよりわかりやすくなったりする。	みなさんはふだん、野菜や果物などを食べるときにその産地をかくにんしたり、どんな人がつくったものかを考えたりすることはありますか？
調べたきっかけ。どこで、どうして、何を調べたいと思ったかを伝える。	わたしは前、まちのスーパーに行ったときにならんでいるキャベツがすべて嬬恋村産だということに気がつきました。なぜ嬬恋でこんなにキャベツがつくられるのか気になって、調べてみたいと思いました。
どのように調べたか。	そこで、実際にキャベツをつくっている農家さんにインタビューをお願いして、キャベツ畑に行ってお話を聞くことができました。
わかったことを最初に話すと、聞く人が理解をしやすい。そこから細かい説明をしていくとよい。	まず、嬬恋村でたくさんのキャベツがつくられる理由は大きく４つあります。１つ目は、嬬恋村は標高が高く、夏でもすずしいこと。２つ目は、雨がよくふること。……（以下略）
最後にまた結論を伝えてまとめる。	こうした嬬恋村の自然かんきょうが、キャベツがたくさんつくられる理由です。
自分が感じたことや考察、みんなに意識してほしいことなどでしめる。	そして、このおいしいキャベツを全国にとどけるために、農家のみなさんは朝から夜まで、がんばっています。これからは野菜や果物、お魚などを食べるときはどんな人がどんな思いで、わたしたちの元までとどけてくれたのかを考えて、感謝しながら食べてみてください。

❸ リハーサルをする

原こうができあがったら、できるだけ本番に近いかんきょうでリハーサルをしましょう。原こうの内容と流れ、資料の見せ方やそのタイミングなどが頭に入っていれば、自信を持って本番にのぞめるはずです。また、声の大きさや話すスピード、話し方なども、発表のできばえを左右する要素です。だれかに見てもらって感想を聞いてみましょう。

録画して自分で見てみるのもいいね！

こんなところをチェック！

・声の大きさや話すテンポは聞き取りやすいか。
・説明はわかりやすいか。
・よいしせいと表情で話せているか。
・スライド資料を出すタイミングはいいか。
・決められた時間内におさまっているか。

発表当日 のポイント

いよいよ、発表本番です！ 伝えたいことがみんなにきちんととどくよう、聞きやすい話し方を心がけ、質問にも落ち着いて対応しましょう。人の発表を聞くことでも、学びが深まります。

相手に伝わるように大きな声でハキハキと

人前で話すのはだれだってドキドキします。けれど、下を向いたり、小さい声になってしまったりすると、発表の内容が相手によく伝わりません。これまで調べ、考えてきたことを、「みんなに伝えたい」という気持ちで自信を持って話すことが大事です。一番後ろの人までしっかりとどく大きな声を出すためには、背すじをのばして、むねをはること。そして、聞いている人に向かってはっきり話すことを意識します。

話すときのしせい

口を大きくあけてはっきり発音する。

前を向き、聞き手の方を見る。

表情も大切に。

背すじをのばす。

かたはばくらいに足を広げる。

話し方の ポイント

☑ 句読点を意識してゆっくりと

きんちょうすると、知らず知らずに早口になりがちです。いつもよりもゆっくり話すことを心がけましょう。句読点のところで、ひとこきゅう入れて間をつくると、テンポが速まるのをふせぐことができます。

☑ 身ぶり手ぶりを使う

手で大きさを表したり、資料を指さしたり、話の内容に合わせて身ぶり手ぶりをつけてみましょう。内容がわかりやすくなるだけでなく、発表がいきいきとした印象になり、聞き手を引きつけることができます。

☑ 感情をこめる

言葉に感情をこめるとメッセージが伝わりやすくなります。ポイントは声の高さです。問題点について話すときは低めの声、メリットや明るい話題について話すときは高めの声と、調子を変えてみましょう。

☑ 原こうを読みすぎない

表情や視線でも感情は伝わります。原こうばかり見ているのでは表情が見えず、相手を話に引きこめません。本番ではできるだけ原こうを見ないで、聞き手を見ながら話しましょう。

質問の受け答えの ポイント

質問をきちんと理解して結論から答える

　発表を終えると質問タイムをつくるとよいです。質問が出てくるのは、興味を持って発表を聞いてもらえたということ。感謝の気持ちで回答しましょう。答えるときは、質問の意味や目的をしっかり理解したうえで、まず結論から伝えましょう。そのあと、理由をむだなく説明すると、シンプルでわかりやすいです。

こんな態度はダメ！
・「わかりません」だけですませる。
・めんどうくさそうにする。
・てきとうに答える。
・反論されておこる。
・相手が知らないことをバカにする。

☑ 答えられないとき

調べないとわからないため、その場では答えられないことを伝えます。そして、いつまでに回答するかを約束し、それまでに調べて答えを用意しましょう。

☑ 質問の意味がわからないとき

うまく聞き取れなかったり、どんなことが知りたいのかよくわからなかったりしたときは、てきとうに答えたりせず、「質問をかくにんさせてください。○○ということですか？」など、相手にかくにんしましょう。

答えがわからないときは
正直に言おう！
そこからまた
調べてみるといいよ

グループで発表するときの ポイント

☑ 話す順番や司会者を決める

グループ発表の場合は、どこをだれが話すのか、順番などを決めておきましょう。基本的には、自分が調べたパートについて、原こうを書くところから発表まで担当するといいでしょう。また、司会者を立てると発表がスムーズに進み、まとまった印象になります。

☑ みんなで練習する

おたがいの発表を聞いて、声の大きさや立ち方などのアドバイスを出し合ったり、内容におかしいところがないか、たしかめたりしましょう。

☑ チームでがんばる

本番でもみんなで助け合えるのがグループ発表のいいところ。自分のパートだけに集中するのではなく、ほかのメンバーがこまっていたらサポートできるようにじゅんびしましょう。

チーム全員で
ふんい気を
もり上げよう！

聞くときのマナー

発表当日は、ほかの人の発表を聞くことでもたくさんの世界が広がります。聞き上手になって発表者が話しやすい空気をつくり、進んで質問もしてみましょう。

人の意見を聞いて自分の考えを深めよう

本番では自分のことで頭がいっぱいかもしれませんが、発表する人と聞く人が学び合うことも大事なことです。「自分がうまくできれば終わり」と思わず、ほかの人の発表にも関心を向けてしっかり聞きましょう。新しい知識がふえるのはもちろん、自分とはちがう考え方を知るきっかけにもなるはずです。「そんな見方もできるのか」とおもしろい発見につなげましょう。

おもしろいテーマだな

☝ 上手に聞く ポイント

☑ 目を見て相づちを打つ

相手がちゃんと聞いていることがわかると、発表者は話しやすくなり、モチベーションも上がります。発表している人の目を見ながら相づちを打ち、関心を持って聞いているというサインを送ってあげましょう。

こんな態度はダメ！

・ちゃちゃを入れる。
・まちがいなどをバカにする。
・自分とちがう意見を否定する。
・よそ見をしたり、私語をしたりする。

☑ メモをとろう

気づいたことや、気になったことをメモしながら聞きましょう。あとで内容をかくにんしたり、質問をしたりするとき役に立ちます。メモは自分がわかればよいものなので、かじょう書きなどにしてスピーディに書きましょう。

▶特に気になったキーワードなどには線を引いたり、丸をつけたりして強調しておきましょう。

☑ 質問してみる

自分が疑問に思ったことや、気になることは、ほかの人にとっても同じかもしれません。積極的に質問し、新たな情報を引き出しましょう。質問することで発表の場がもり上がり、クラス全体のやる気もアップするはずです。

こんなことを聞いてみよう

・もっと知りたいと思ったこと。
・疑問に思ったこと。
・発表者が苦労したことや、工夫したこと。
・発表者と自分の意見がちがう場合、そのように考える理由。

ほかの人の発表から学ぶことも大切やで！

 # 発表後 はふり返ろう

発表が無事に終了したからと言って、それで終わりではもったいないもの。自分や人の発表をふり返るとともに、実行にうつせることなどを考えてみましょう。

自分の発表をふり返り、実行する

「話し方や聞き手の反応」「テーマや内容」「資料」の3点について、「できたこと」「できなかったこと」「もっとできること」を書き出し、ふり返りを行いましょう。できたことはそのまま続け、できなかったことはどうするとよくなるか考えます。それを次回に生かすことで、もっと上手に発表ができるようになっていきます。また、調べたなかで考えた自分にもできること、うかんだアイディアなどを実行にうつしてみることも大切です。

できたこと	できなかったこと	もっとできること

調べたことを生かすことが大切ですぞ

☑ 人の感想を読む、聞く

自分でふり返るだけでなく、聞いていた人から自分の発表のよかった点や課題を見つけてもらうことでも、いろいろな発見があります。自分ができなかったと思うことへのアドバイスをもらうのもいいでしょう。

☑ グループで話し合う

グループで発表した場合は、メンバー全員でふり返りを行うのがおすすめです。ほかの人の発表に意見を言うときは、ダメ出しをするのではなく、よりよい方法を提案したり、よいところも伝えたりするようにしましょう。

コラム

素材は著作権を守って正しく使おう

本やインターネットなどにのっている写真やイラスト、文章は著作物とよばれ、作者はその著作物を他人に無断で使用されない権利（著作権）を持っています。そのため、それらの素材が使いたいときには、必ずきょかを取らなければいけません。ただし、なかにはきょかなしで使用できるもの、出典を明記すれば使っていいものなどもあります。まずは先生や大人の人に相談し、ルールにしたがって使いましょう。

（著作権があるもの）

・写真　・動画　・絵やイラスト
・曲　・文章　・歌詞　・地図
・振付　など

写真を使わせていただきたいのですが…

ルールに注意しながらいい発表資料をつくろうね

さくいんの使い方

あ 藍染め ………………………… **2**17
┬ ┬   ┬   ┬
行 キーワード   巻数 ページ数

監修

梅澤真一（うめざわしんいち）

植草学園大学発達教育学部教授。千葉県公立小学校、千葉大学教育学部附属小学校、
筑波大学附属小学校教諭を経て、2023年より現職。東京書籍『新しい社会』教科書編集委員。
価値判断力・意思決定力を育成する社会科授業研究会の代表も務める。

漫画　　ナガラヨリ
イラスト　石崎伸子、ひらいうたの
デザイン　GRiD
DTP　　有限会社ZEST
撮影　　宗田育子、masaco、松岡誠太郎
執筆　　城台晴美
校正　　夢の本棚社
編集　　株式会社スリーシーズン

写真提供

合同会社Trailhead
PIXTA

調べて伝える　わたしたちのまち④

発表しよう わたしたちのまち

2024年1月10日　初版発行

監　修　梅澤真一
発行者　岡本光晴
発行所　株式会社あかね書房
　　　　〒101-0065　東京都千代田区西神田3-2-1
　　　　電話03-3263-0641（営業）　03-3263-0644（編集）
印刷所　株式会社精興社
製本所　株式会社難波製本

ISBN978-4-251-06747-0
©3season／2024／Printed in Japan
落丁本・乱丁本はおとりかえします。
https://www.akaneshobo.co.jp

NDC361
梅澤真一（うめざわしんいち）
調べて伝える　わたしたちのまち④
発表しよう わたしたちのまち
あかね書房　2024年　48p　31cm×22cm

わたしたちのまち